Deux sœurs

Дві сестри

ISBN : 978-2-902718-24-5
Édition bilingue français/ukrainien
Édition originale publiée sous le titre *Sister Goat* par Antonina Novarese en 2020
Édition : Antonina Novarese, 51 rue Charles Lecour, 44120 Vertou, France
Imprimé à la demande depuis novembre 2023. L'imprimeur est indiqué à la dernière page de l'ouvrage.
Loi n° 49-956 du 16 juillet 1949 sur les publications destinées à la jeunesse : novembre 2023
Dépôt légal : novembre 2023

Deux sœurs • Дві сестри

écrit et illustré par
Antonina Novarese

текст та ілюстрації
Антоніни Новарез

Antonina Novarese

Il était une fois deux sœurs orphelines. Olena était la sœur aînée et la plus jeune s'appelait Ivanna. Elles vivaient dans la maison d'une sorcière.

Chaque jour, les sœurs allaient dans la forêt et cueillaient des herbes parfumées, des champignons colorés et des baies sauvages pour les potions de la sorcière. Mais elle n'était jamais contente de ce qu'elles apportaient.

« Je n'aurais jamais dû vous laisser rester dans ma maison, vous, les filles paresseuses », sifflait-elle souvent.

Les sœurs étaient tristes, mais elles n'avaient nulle part où aller.

Давно колись жили собі дві сестри-сирітки. Старшу звали Олена, молодшу звали Іванна. Жили вони в домі у відьми.

Кожного дня сестри ходили до лісу та збирали духмяні трави, кольорові гриби та дикі ягоди для відьминого зілля. Та відьма завжди була невдоволена тим, що вони приносили.

«І чого я тільки дозволила вам лишитися у своїй хаті, ледачі дівчиська», — часто сичала вона.

Сестрички гнітилися, та йти їм було нікуди.

Un jour, la sorcière était de très mauvaise humeur. Elle dit aux filles de ne pas revenir sans avoir cueilli des fleurs violettes spéciales. Alors que les sœurs entraient dans la forêt, la sorcière jeta un sort. « Si l'une de vous boit l'eau retenue dans l'empreinte d'un animal, alors... » Mais les sœurs étaient déjà trop loin pour entendre la suite.

Одного дня відьма була в особливо кепському настрої. Вона наказала дівчатам не вертатися без якихось особливих фіолетових квітів. Коли сестри зайшли до лісу, відьма промовила закляття: «Як одна з вас вип'є зі звірячого сліду, тоді...» Та сестри вже були занадто далеко, щоб почути її слова.

La forêt devint plus sombre et plus dense. Les sœurs n'avaient pas trouvé de fleurs violettes, et maintenant elles étaient perdues et avaient soif. Ivanna vit les empreintes d'un sanglier, pleines d'eau de pluie. Elle voulait boire, mais Olena était prudente. « Ne le fais pas. Nous trouverons bientôt quelque chose de mieux. »

Ліс ставав все темнішим і густішим. Сестри не знайшли фіолетових квітів, і тепер вони заблукали та почали відчувати спрагу. Іванна побачила кабанячий слід повний дощової води. Вона хотіла було напитися з нього, та Олена була обачною: «Не пий. Скоро знайдемо щось краще».

*A*u fond des bois, Olena aperçut une lumière violette devant elle. Était-ce les fleurs que la sorcière avait demandées ? Olena se précipita, mais la lumière disparut. Ivanna était restée derrière.

Sous ses pieds, Ivanna aperçut quelque chose qui brillait dans les empreintes d'une chèvre sauvage. Elle s'agenouilla et but. Aussitôt, ses mains et ses pieds se transformèrent en sabots et sa peau devint grise et laineuse.

*У*глибині лісу Олена побачила фіолетове світло. Може то квіти, що просила принести відьма? Олена поспішила вперед, але світло зникло. Іванна відстала.

Під ногами Іванна побачила, як блищить вода у слідах дикої кози. Вона нахилилася і випила. Одразу ж її руки та ноги перетворилися на ратиці, а сіра вовна вкрила шкіру.

«*I*vanna, Ivanna, où es-tu? » criait Olena de plus en plus fort. Une petite chèvre délicate sortit de derrière un arbre. Les sœurs se regardèrent, les yeux pleins de larmes.

«*І*ванно, Іванно, де ти?» — Олена кликала гучніше і гучніше.
Маленька кізочка вийшла з-за найближчого дерева. Сестри поглянули одна на одну зі слізьми в очах.

Au moment où Olena et sa sœur chèvre trouvèrent le chemin pour sortir de la forêt, le soleil était déjà couché. Épuisées, elles s'installèrent dans une botte de foin pour la nuit.

Коли Олена та її сестра-коза вийшли з лісу, сонце вже сіло. Втомлені, вони заночували у стогу сіна.

Le matin, un fermier vint ramasser du foin et trouva les sœurs. Il tomba immédiatement amoureux d'Olena.

Вранці селянин прийшов узяти сіна і знайшов сестер. Він закохався в Олену одразу ж.

*B*ientôt, le couple se maria. Le fermier, sa femme et sa sœur vivaient tous les trois heureux à la ferme.

Mais un jour, la sorcière arriva.

*C*коро вони одружилися. Селянин, його дружина та її сестра жили щасливо у господі.

Та одного дня прийшла відьма.

Ce matin-là, Olena se promenait avec Ivanna près d'un lac. La sorcière attendait, cachée dans un buisson, et poussa Olena dans l'eau.

Того дня Олена гуляла з сестрою біля озера. Відьма захова-лася в кущах і чекала. Тоді вона зіштовхнула Олену у воду.

*P*uis elle jeta un sort pour voler l'apparence de la jeune femme.

Plusieurs fois après cela, la petite chèvre vint au lac et appela sa sœur : « Olena, Olena, sors du lac ! La sorcière a pris ta place. Son mauvais esprit fait faner les fleurs. Les oiseaux se taisent, les gens s'affaiblissent et la maison n'est plus la maison. » Mais elle entendait toujours la voix douce d'Olena venant du lac : « Je ne peux pas. Le lac est profond, les algues me retiennent et une lourde pierre est sur ma poitrine. »

*П*отім відьма наклала закляття та стала з лиця як Олена.

Після того багато разів приходила кізочка до озера та кликала свою сестру: «Олено, Олено, вийди з озера! Відьма зайняла твоє місце. Від злого її духу в'януть квіти. Птахи замовкають, а люди втрачають сили, й дім вже не схожий на дім». Та вона завжди чула Оленчин тихий голос із-під води: «Я не можу. Озеро глибоке, водорості тримають мене, і важкий камінь у мене на грудях».

Un jour, la sorcière dit au fermier : « Je veux cuisiner la chèvre pour le dîner. » En entendant cela, Ivanna se précipita vers le lac. « Ma sœur, sors! pleurait-elle. La sorcière remue ses marmites et prépare ses couteaux. Elle va me faire bouillir pour le dîner ! »

Quand Olena entendit cela, elle arracha les algues, jeta la pierre et sortit de l'eau.

Одного дня відьма сказала селянинові: «Я хочу приготувати козу на обід». Почувши це, Іванна побігла до озера. «Сестро, виходь! — вона загукала, — Відьма готує казани та точить ножі. Вона зварить мене на обід!»

Як почула те Олена, вона розірвала водорості та відкинула камінь і випливла з-під води.

Dès qu'elle quitta du lac, les fleurs fleurirent, les oiseaux commencèrent à chanter et Ivanna se transforma en fille. Quand la sorcière vit cela, elle tomba en poussière et le vent l'emporta.

Ivanna, Olena et son mari vécurent heureux par la suite.

Quant à la sorcière, personne ne la revit jamais.

Як тільки вийшла вона з озера, розквітли квіти, птахи знов почали співати, а Іванна знов обернулася на дівчинку. Як побачила те відьма, то розсипалася на порох і вітер розвіяв його.

Іванна, Олена та її чоловік жили відтоді щасливо.

А щодо відьми, то ніхто її з тої пори більше не бачив.